AF230214

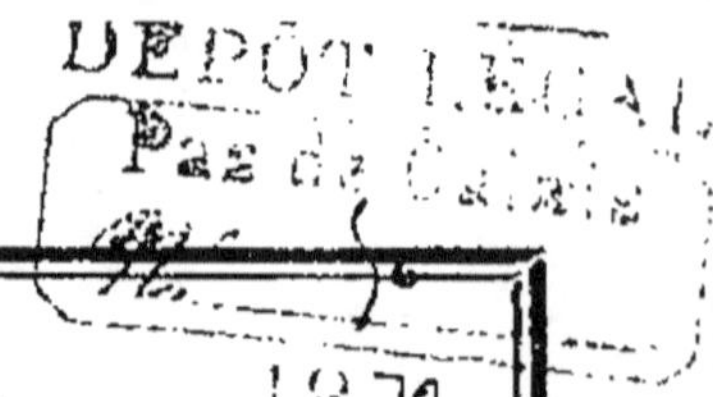

MÉNILMONTANT

SOUS

LA COMMUNE

ÉPISODES RECUEILLIS

PAR

M. l'abbé TASSY,

1er VICAIRE DE MÉNILMONTANT.

PARIS

F. WATTELIER, LIBRAIRE-ÉDITEUR

19, RUE DE SÈVRES, 19.

MÉNILMONTANT

SOUS LA

COMMUNE.

Mon cher Ami,

Vous m'avez prié de vous envoyer le récit en abrégé des principaux événements dont notre quartier de Ménilmontant a été le théâtre sous le gouvernement de la Défense Nationale et sous le Règne de la Commune. Votre désir est un ordre pour moi ; je vais donc vous tracer rapidement ce triste tableau, vous en ferez l'usage que vous voudrez.

Notre belle et magnifique église fut réquisitionnée de bonne heure par les futurs Communards; vers la fin d'octobre 1870, on vient avertir M. le curé de la paroisse que les Gardes Nationaux se réuniraient dans cette église pour l'élection de leurs chefs, et, la veille de la Toussaint, plusieurs officiers y entrèrent bruyamment pour organiser le placement de leurs hommes. Occupé en ce moment à une fonction du saint ministère, je fus vivement contrarié par le bruit des chaises qu'on remuait avec fracas et par les conversations les plus bruyantes. La cérémonie terminée, je m'approchai de ces Messieurs en les priant de vouloir bien modérer leurs voix, et d'avoir quelque respect pour le lieu saint, ou du moins d'observer les plus simples convenances, que tout homme tant soit peu bien élevé ne voudrait pas blesser dans une maison parculière ; mais ces illustres citoyens, qui n'avaient pas même daigné ôter leurs képis, me répondirent qu'ils étaient chez eux ; que du reste l'église était un monument ordinaire, que le temps n'était plus de croire à ce que les prêtres enseignaient ; que le fanatisme et la superstition n'étaient plus de mode, etc., etc. C'était inutile de discourir avec ces grands esprits qui émettaient de pareilles maximes, et d'autres encore non moins sottes et non moins ridicules. Je me contentai de leur dire que la religion avait déjà vécu plus de 18 siècles, malgré les attaques, les calomnies et les persécutions d'hommes plus puissants et plus savants qu'eux ; que les plus vastes génies de toutes les époques lui avaient rendu hommage, et que tout ce qu'il y a eu de plus honorable depuis son origine, s'était fait un devoir et une gloire de respecter et même de pratiquer cette religion, qui a civilisé le monde, refoulé la barbarie et répandu dans la société d'innombrables bienfaits. Ces observations n'étaient pas du goût de ces esprits forts ; mais je fus bien aise de les leur faire entendre.

Le jour de la Toussaint, malgré la solennité, nous fûmes forcés de supprimer la grand'messe et le prône, et de nous borner à une messe basse, afin que l'église fut libre à onze heures pour le réunion des Gardes Nationnaux; le lendemain, le grand jour de la commémoration des morts, nouvelle réunion, et par conséquent nouveaux obstacles pour les pieuses cérémonies, et nouvelles alarmes pour les vrais fidèles.

Il n'est pas nécessaire d'entrer dans les détails de ces réunions, où, sous prétexte d'élections, on attaquait le gouvernement régulier, et où se manifestaient déjà les prétentions et les désordres de la future Commune; il est superflu de raconter la violence des discours, l'inconvenance des conversations et de la tenue; il suffira de dire qu'on osait s'y permettre d'y fumer comme dans un café ou sur une place publique! Or, ces réunions seraient devenues périodiques sans la défense énergique du Gouverneur de Paris.

Malheureusement des scènes plus

scandaleuses encore devaient succéder
à ces réunions. Deux Dames se présen-
tent un jour à la sacristie et me de-
mandent l'autorisation de tenir des
clubs dans l'église (M. le curé était ab-
sent; arrêté pendant quelques heures,
puis relâché, il avait cru prudent de
s'éloigner de la paroisse dans la crainte
d'une nouvelle arrestation) ; je demande
à ces Dames d'après quel ordre elles sol-
licitent cette permission ; avec l'agré-
ment de la Commune, me disent-elles.
— S'il en est ainsi, Mesdames, je ne puis
m'y opposer, puisque maintenant la
force prime le droit ; mais ma conscience me défend de donner une telle
autorisation ; je ne puis en aucune façon
approuver des réunions, où en présence
des saints autels et du haut de la chaire
de vérité retentissent tant de paroles
impies et immorales. Cependant, auto-
risés par la Commune les clubs eurent
lieu au grand scandale de tous les honnêtes paroissiens. Il serait trop long et

surtout trop effrayant de rappeler les honteuses et sanguinaires maximes qui retentirent sous les voûtes du temple, maximes d'autant plus révoltantes qu'elles sortaient de la bouche de femmes peu soucieuses de leur dignité, et qu'elles étaient applaudies par une multitude d'autres femmes, et pourtant il y avait là des jeunes personnes, des mères de famille, qui ne rougissaient pas de se ravaler à ce point ! Oh ! comme la femme s'avilit, lorsqu'elle s'insurge contre cette religion, qui l'a réhabilitée en la tirant de l'état de dégradation où elle est réduite chez toutes les nations, qui n'ont pas le bonheur d'être chrétiennes !

Bien d'autres infamies devaient s'accomplir dans notre malheureuse paroisse. Les Communards, jaloux de donner des preuves de leur courage et de leur bravoure, dirigent leurs attaques contre les communautés religieuses. Le 17 avril, ils envahissent la maison des

Frères de la rue Julien-Lacroix; ils entrent dans les classes, brisent les images, les bénitiers, les crucifix; ils emmènent les Frères à la mairie du 20e arrondissement, où une commission leur fit subir un interrogatoire, et les accuse d'abrutir les enfants du peuple ! Enfermés dans une salle pendant 4 jours, ils deviennent l'objet des railleries et des insultes de ceux qui s'étaient constitués leurs geoliers, et qui de temps en temps leur faisaient entendre des cris de mort. A plusieurs reprises on les traîne de la mairie à leur maison et de leur maison à la mairie. Sur cinq Frères, quatre devaient être enrôlés dans un bataillon de marche ; le Directeur, à cause de son âge, n'était pas compris dans cette mesure, mais il demanda à ne pas abandonner ses confrères; ils furent ensuite conduits par un peloton de Gardes Nationaux à la Préfecture de Police, et présentés au citoyen Raoul-Rigault, qui les envoya, en qualité de brancardiers, à l'ambulance des Champs-Élysées, où ils ne furent pas admis. Ils purent alors sortir de Paris. Le 5 juin ils rentrèrent dans leur établissement, mais ils n'y trouvèrent rien ; les Communards avaient tout emporté ou brisé. Mais voici une autre expédition, bien plus digne de l'incomparable bravoure des Fédérés ; dans la rue Ménilmontant il y a un établissement, tenu par les sœurs 'de Saint Vincent-de-Paul, où deux ou trois cents jeunes orphelins trouvent la nourriture, les vêtements, et tous les soins que des mères pourraient leur donner. Or, le 23 avril, on vient signifier à ces religieuses qu'elles devaient se considérer comme prisonnières dans leur maison ; défense absolue d'en sortir et d'y recevoir des visites ; tous les jours de nouvelles perquisitions, depuis les caves jusqu'aux greniers ; mais ce qui fut bien plus douloureux pour ces bonnes Sœurs, c'est l'apparition de treize Citoyennes, libres-penseuses, qui venaient les remplacer. Elles furent forcées d'abandonner leur maison, malgré leurs protestations, et quoique cet établissement n'appartint ni à la ville, ni à l'assistance publique, mais à une société de personnes pieuses et charitables qui s'étaient cotisées pour fonder cette bonne œuvre, elles ne purent emporter ni leur mobilier, ni même les objets religieux, mais seulement leurs vêtements et un peu de linge. Tout le reste fut pillé plus tard, soit par les Fédérés, soit par les illustres Citoyennes qui étaient venues là soi-disant pour prendre soin des orphelins. Les livres et tous les objets religieux furent brisés ou livrés aux flammes, la chapelle fut envahie et dévastée, et de plus ornée de symboles maçonniques !

Les Sœurs de la rue de la Mare furent traitées à peu près de la même manière; des Commissaires de la Commune, accompagnés de Gardes Nationaux, vinrent leur déclarer qu'il fallait sortir

de leur établissement. La Supérieure
répondit qu'elle avait acheté cette maison de ses propres deniers, que par
conséquent elle était chez elle et que
personne n'avait le droit de l'expulser.
Mais une telle considération ne pouvait
arrêter ces honnêtes gens; ils déclarè-
rent hardiment que d'après la loi les
biens des couvents appartenaient à la
Commune. Quelle loi! grand Dieu,
peut-on ainsi se moquer du sens com-
mun, et violer la justice avec plus d'im-
pudence? et pour montrer qu'ils étaient
réellement les maîtres, ils procédèrent
immédiatement à une visite minutieuse
de tous les appartements, et de tous les
meubles; ils s'emparèrent de toutes les
clés, et mirent partout le scellé; défense expresse aux Religieuses d'emporter
la moindre chose, pas même les objets
de piété, à l'exception de quelques che-
mises qu'on eût la générosité de leur
céder! les Fédérés sont restés un mois
dans cette maison, et ils ont employé le

temps à piller et vendre tous les meubles, à dévaster la chapelle, à emporter les ornements, à briser les tableaux et crucifix, à couper les bras et la tête d'une statue de la sainte Vierge, qui ornait le jardin, et à démolir un magnifique calvaire, objet d'art qui avait figuré à l'exposition universelle. Pendant ce mois, deux femmes, dignes d'être déléguées par la Commune, faisaient la classe aux jeunes filles en disant des horreurs sur les Prêtres et sur les Religieuses, en leur défendant d'apprendre le catéchisme et de se préparer à la 1re communion, et en leur arrachant les croix, les images, tout ce qui pouvait leur rappeler l'idée de Dieu ; comme cette génération promettait pour l'avenir, si ces institutrices insensées étaient demeurées plus longtemps à la tête de cette école ! heureusement que bien des mères de famille avaient eu le bon sens d'en retirer eurs enfants. Parlerai-je des perquisi-

tions qu'on vint faire dans l'église à
différentes reprises? le prétexte ridicule
et odieux de ces perquisitions, c'est
qu'il y avait là des armes et des cadavres; et bien des gens avaient la naï-
veté, pour ne pas dire autre chose, de
croire à ces absurdités. J'accompagnai
plusieurs fois les Gardes Nationaux qui
venaient faire ces perquisitions, leur
ouvrant toutes les portes, leur faisant
inspecter tous les coins et recoins, et
leur disant en même temps : voyez
comme vous êtes simples, vous obéissez
aveuglément à des hommes que vous
ne connaissez pas, qui se sont installés
eux-mêmes à l'Hôtel-de-Ville, qui se
moqueront de vous s'ils peuvent se
maintenir au pouvoir, et qui se sauve-
ront en emportant tout l'argent qu'ils
pourront, s'ils se voient perdus ; c'est
possible, me disaient-ils, mais que voulez-vous, nous sommes *lancés!*

Un spectacle bien lamentable, et qui
se renouvelait presque tous les jours,

c'était ces longs convois de Fédérés que l'on rapportait du champ de bataille, et que l'on transportait à leur dernière demeure sur des corbillards ornés de drapeaux rouges et au son d'une bruyante musique. Aucune de ces victimes d'une guerre injuste et barbare n'entrait dans nos églises, malgré le désir qu'en exprimaient certains parents. Point de prières par conséquent pour ces morts ; quelques cérémonies ridicules, parfois des discours où respiraient la haine et la vengeance, et cette vaine formule : que la terre lui soit légère ; pauvre fiche de consolation, hélas ! il y eut cependant une exception : un Garde National eut le bon sens et le courage de faire entrer dans l'église un de ses parents ou amis, et de faire réciter les prières, malgré l'injuste et violente opposition des Commissaires de la Commune et des autres Gardes Nationaux.

Un jour, la pensée me vint d'écrire une longue lettre aux membres de la

Commune, et malgré le danger auquel je m'exposais par cette démarche, je mis ce projet à exécution. Dans cette lettre je protestais énergiquement contre toutes les iniquités dont j'avais été le témoin, contre l'expulsion et la spoliation des Frères et des Sœurs, contre les perquisitions et les clubs dont notre église avait été le théâtre, contre les discours injurieux à la religion qu'on avait osé prononcer du haut de la chaire de vérité, etc. J'envoyai cette lettre à l'Hôtel-de-Ville par un jeune homme; elle fut lue en plein Comité, et je dois dire que la réponse verbale qui me fut adressée, ne fut pas si terrible que j'aurais pu le craindre. On me faisait dire que si on avait fait des perquisitions dans l'église, c'est qu'on croyait qu'il y avait des armes et des cadavres ; que si on y tenait des réunions, c'est que les églises étaient des propriétés nationales, et qu'on avait le droit de s'en servir, sans empêcher les cérémonies de la religion ; et quant aux Frères et aux Religieuses, c'était une mesure générale pour tout Paris, et non pas seulement pour le quartier de Ménilmontant. Il n'y avait rien là de bien consolant, mais, je le répète, ce n'était pas trop méchant, et je ne me repentis pas d'avoir écrit cette lettre, d'autant plus qu'à partir de ce jour les clubs cessèrent complétement dans notre église.

Quelque temps après je reçus d'un délégué de la Commune une lettre par laquelle on me demandait quarante mille francs de loyer pour l'église, et vingt mille francs à donner dans trois jours, avec menace de s'emparer tout à fait de l'église, si cette somme n'était pas livrée le 3° jour à 6 heures du soir. Je répondis que nous n'avions pas vingt mille francs en caisse que les recettes étaient toujours au-dessous des dépenses, qu'il y avait plus de trois cent mille francs de dettes, et que le monument d'ailleurs n'était pas terminé.

Faites achever les travaux, dis-je, dans ma réponse, c'est-à-dire, dépensez environ deux cent mille francs, payez les dettes, et alors nous tâcherons de nous procurer la somme que vous réclamez ; ou laissez-nous tranquilles. Le lendemain de l'Ascension, 19 mai, nouvelle exigence; un Garde National entre chez moi : Citoyen, me dit-il, j'ai besoin de votre église pour 4 jours; et moi, lui répondis-je, j'en ai besoin après-demain dimanche pour les offices. — Eh bien ce sera pour lundi — Mais nous avons tous les jours des messes à dire, des convois, des baptêmes, les exercices du mois de Marie, etc. — Oh ! mais ce sera pour quelques heures seulement. — Mais que voulez-vous faire dans l'église ? — Une expérience. — Quelle expérience ? — C'est un secret que je ne peux divulguer, une invention de ma part. — Est-ce un nouveau moyen de destruction ? — Vous voulez en savoir beaucoup, eh bien oui, c'est un moyen de destruction. — Hélas, est-ce qu'il n'y a pas assez de moyens de destruction ? N'est-ce pas déplorable que les Français mettent tant d'ardeur à s'entre détruire ? Et puis cette expérience que vous voulez faire dans l'église, ne risque-t elle pas de nuire à ce beau monument ? — Il n'y a rien à craindre, me dit-il. — Nous n'avons pas su en quoi consistait cette expérience; il en est qui pensent que le but était d'examiner la situation des lieux et de prendre des mesures pour faire sauter le monument.

Le 22 mai, je sortis de Paris par la porte de Vincennes en habit ecclésiastique, que je n'avais pas du reste quitté un seul jour; j'allai voir mon frère au parc St-Maur, comme je le faisais une fois par semaine, mais mon intention formelle était de rentrer chez moi le soir; les Prussiens y mirent obstacle. Je fis des démarches auprès du Commandant à Fontenay, auprès du Colonel et du général à Joinville et à St-Maur, pour obtenir la permission d'entrer dans Paris; ils me répondirent que le gouvernement de Versailles l'avait expressément défendu; or ce même jour à onze heures du soir on vint faire une perquisition chez moi avec un mandat d'arrêt et une voiture pour me conduire à Mazas; j'aurais été infailliblement fusillé le lendemain, car c'était le moment le plus critique ; c'est alors que les ôtages furent assassinés en divers endroits de la manière la plus barbare. Ainsi les Prussiens, sans le savoir et probablement sans le vouloir, m'ont sauvé la vie ; ou plutôt dans les desseins de la Providence, je n'étais pas digne de la couronne du martyre. On fouilla dans tous les meubles, on visita tous mes papiers, et n'ayant rien trouvé de compromettant ces agents de police d'un nouveau genre se retirèrent honteux et confus.

Le lendemain, mon confrère, M.

l'abbé Petit, resté seul dans la paroisse, vu mon absence forcée, fit à l'heure or- dinaire l'exercice du mois de Marie ; mais tout à coup un émissaire de la Commune, ceint d'une écharpe rouge, s'avance vers lui un révolver à la main ; les personnes qui assistaient au pieux exercice se placent entre l'agresseur et le prêtre et donnent ainsi le temps à celui-ci de sortir de l'église par une porte latérale. Il court chez lui, change de costume, et va se cacher dans une maison voisine. Bien lui en prit ; car des Gardes Nationaux allèrent aussitôt dans sa maison, et ne l'ayant pas trouvé, se contentèrent de faire une visite à la cave et de boire tout son vin, selon la bonne habitude de ces illustres défen- seurs de la Patrie. Ils revinrent ensuite dans l'église, et croyant que M. le vi- caire y était caché, ils eurent l'audace de tirer dans le lieu saint peut-être cent coups de fusil !

A partir de ce moment devenus seuls

maîtres de ce bel édifice ils y entassèrent une énorme quantité de tonneaux de vin, de viande, de biscuits, de riz et d'autres provisions ; et lorsqu'ils se virent sur le point d'être pris par l'armée régulière, ils défoncèrent les tonneaux, de manière que l'église fut littéralement inondée de vin, mêlé avec toutes les autres provisions, comme aussi avec des matelas, des équipements militaires, des fusils, des cartouches, et des matières explosibles. Car leur intention bien évidente était de faire sauter l'église, s'ils en avaient eu le temps.

Je ne pus rentrer dans Paris que le 28 mai, fête de la Pentecôte, à 6 heures du matin. Je traversai la place du Trône, le faubourg St-Antoine, la place de la Bastille, et à chaque pas je rencontrai des barricades à demi-renversées, des débris de tout genre, des cadavres de Gardes Nationaux couchés dans les ruisseaux. Je dois dire que bien des soldats et des officiers venaient me toucher cordialement la main, et me témoigner le bonheur qu'ils avaient de rencontrer un prêtre; de même les habitants du faubourg éprouvaient une véritable joie en m'apercevant, et me saluaient de la manière la plus gracieuse. Vous avez bien raison, leur disais-je, de vous réjouir à la vue d'un prêtre, car sa présence au milieu de vous dans cette circonstance est un signe de calme et de tranquillité; vous pouvez dire qu'il vous apporte l'olivier de la paix.

Ne pouvant encore pénétrer dans le quartier de Ménilmontant où le canon grondait encore, et où se livraient les derniers combats, je me dirigeai vers l'église de Sainte-Élisabeth, où j'eus le bonheur de célébrer la sainte messe. Plusieurs cadavres étaient étendus dans le lieu saint, et parmi ces cadavres on assurait que se trouvait celui du trop fameux Delescluze. Au sortir de l'é-

glise, un lieutenant de l'armée versail-
laise courut après moi pour me prier d'aller administrer un chef d'escadron, qui
venait d'être blessé mortellement, et
qui réclamait les secours de la religion.
Je m'empressai d'accourir auprès de ce
malheureux officier, dont je reçus la
confession, et à qui je pus donner l'ex-
trême-onction avec l'aide d'un vicaire
de Ste-Élisabeth en costume laïque.
Le blessé avait été transporté dans une
pharmacie du boulevard du Prince-
Eugène (boulevard que les Communeux
ont baptisé du nom de Voltaire, sans
doute pour faire la cour aux Prussiens,
dont le patriarche des incrédules s'était
fait le vil adulateur); les balles et les obus
sifflaient d'une manière effrayante pendant que j'administrais l'infortuné
commandant ; il reçut les sacrements
avec d'excellentes dispositions et
succomba une demi-heure après,
victime de cette guerre fratricide. Je
partis de là profondément ému de la
mort de cet officier encore jeune, et qui
laissait une veuve et un orphelin ; mais

en même temps j'étais heureux d'avoir pu exercer une des fonctions les plus touchantes et des plus utiles de mon saint ministère, et dans une circonstances si solennelle. Je regrette de n'avoir pas conservé le nom de ce brave officier, et celui de sa ville natale ; je voudrais que cette notice put arriver jusqu'à sa famille désolée, et lui procurer quelque adoucissement dans sa juste douleur.

Après avoir accompli cette bonne œuvre, et on peut dire sur le champ de bataille, comme il était encore interdit de franchir les lignes qui cernaient les quartiers de Belleville, Ménilmontant et Charonne, je parcourus la grande cité pour me rendre compte des affreux dégâts causés par l'incendie ; c'était un spectacle navrant que toutes ces maisons, tous ces magnifiques monuments dévorés par les flammes ; on aurait pu croire qu'une armée de barbares, commandée par un nouvel Alaric ou un nouvel Attila, avait passé par là mettant tout à feu et à sang, et entassant ruines sur ruines ; il y a de quoi se voiler la face, quand on pense que ce sont des Français qui ont commis cette épouvantable dévastation !

Dans ce triste voyage à travers les ruines je pus parvenir jusqu'à l'archevêché, où j'eus le bonheur de voir M. l'archidiacre Jourdan, qui avait passé par les rudes épreuves d'une longue captivité, et qui avait été sur le point d'être fusillé comme tant d'autres ôtages de la Commune. Ce fut au moment où je me trouvais auprès de l'archidiacre, qu'un Frère des écoles chrétiennes vint lui annoncer officiellement que Monseigneur Darboy avait été assassiné dans la prison de la Roquette. Bientôt on apprit le massacre de Monseigneur Surat, de quelques curés, de plusieurs Jésuites, Dominicains et autres Religieux, comme aussi d'un grand nombre d'Agents de Police, de Gendarmes, coupables d'avoir rempli leur mission et fait leur devoir. Ces horribles crimes, si longtemps prémédités, étaient donc consommés ; de nombreuses victimes avaient été cruellement immolées, et combien d'autres auraient eu le même sort, si notre vaillante armée, commandée par de braves et habiles généraux, n'était venue arrêter l'effusion du sang et mettre un terme à nos désastres. Puisse du moins le sang de tant de nobles et saintes victimes attirer la miséricorde de Dieu sur notre malheureuse patrie ! puissent ces épouvantables calamités qui sont tombées sur nous inspirer de sérieuses réflexions à tant d'esprits égarés, et les ramener dans la voie de la raison, de la justice et de la vérité !

Enfin vers les six heures du soir il me fut donné d'arriver jusqu'à l'église de Ménilmontant, que je trouvai dans le pitoyable état dont j'ai parlé plus haut ; impossible d'y poser le pied sans être souillé par les immondices qui en couvraient le sol ; il y avait en outre de véritables montagnes de sabres et de fusils enlevés aux Fédérés. Je me hâtai d'écrire au maréchal Mac-Mahon pour lui dépeindre la situation de notre église et pour le supplier de vouloir bien la faire nettoyer, afin qu'on put y célébrer les offices le dimanche suivant, et reprendre le cours des catéchismes préparatoires à la 1ere communion. J'ai lieu de croire que le commandant en chef en donna avis au général Faron, qui était à la tête d'une division dans notre quartier, et qui mit le plus grand empressement à ramener la décence dans lieu saint. Grand nombre de soldats, stimulés par leurs chefs, se mirent à l'œuvre, avec l'aide des pompiers et travaillèrent avec ardeur toute la semaine. D'un autre côté grand nombre de voitures étaient occupées à transporter les sabres, les fusils, et autres objets militaires. Le samedi le général Faron m'envoya un de ses aides-de-camp pour m'annoncer qu'il viendrait le lendemain assister à la messe avec son état-major. En effet le dimanche, fête de la Trinité, à l'heure convenue, ces officiers vinrent se placer dans le chœur, où des fauteuils et prie-Dieu en velours les attendaient. L'église était ornée comme dans les plus grandes solennités, et ce qui valait mieux encore, elle était remplie d'assistants. Je dis la sainte messe, et après l'évangile j'adressai une allocution à cette assistance si nombreuse et si recueillie. Le général parut très-satisfait, et voulut bien nous témoigner son contentement et nous adresser ses félicitations; le soir, après l'office des vêpres, je crus qu'il était de mon devoir d'aller moi-même lui témoigner ma reconnaissance pour le zèle qu'il avait mis à faire nettoyer l'église. Il me reçut, ainsi que ses aides-de-camp, avec la plus grande cordialité, ce qui n'a rien d'étonnant, car il est certain qu'il doit exister de la sympathie entre l'état ecclésiastique et l'état militaire, deux états qui imposent le sacrifice et le dévouement, l'un à la religion, et l'autre à la patrie, deux causes si grandes, si nobles, et on peut dire inséparables.

Pendant qu'on se donnait tant de peines pour nettoyer l'église, je faisais mettre en bon état la chapelle des

Sœurs de Saint-Vincent-de-Paul, et j'y envoyais tout ce qui était nécessaire pour la célébration de la sainte messe, en attendant que l'église fut prête. Un officier d'artillerie qui commandait le détachement placé dans cette maison voulut bien, à ma demande, permettre à un certain nombre de personnes d'assister à la messe à la condition qu'elles iraient directement à la chapelle sans pénétrer dans les autres parties de la maison, à cause des munitions de guerre qu'elle renfermait.

Je ne dois pas oublier de dire qu'en rentrant dans la paroisse de Ménilmontant je m'empressai d'écrire à la maison mère des Frères et à celle des Sœurs, afin que les uns et les autres vinssent se mettre à la tête des écoles dont la Commune les avait chassés, et réparer ainsi par une éducation morale et chrétienne les impressions fâcheuses que les principes et les exemples des Libres-penseurs et des Libres-penseuses avaient pu faire sur l'esprit et sur le cœur des enfants. L'appel fut entendu, et les pieux Instituteurs et pieuses Institutrices se hâtèrent de venir reprendre dans la paroisse leur mission de dévouement et de charité.

Dans certaines églises de Paris les Délégués de la Commune s'étaient livrés à un odieux pillage de tout ce qu'elles renfermaient de plus précieux, sans même respecter ce que la piété et la générosité des fidèles avaient offert comme témoignage de reconnaissance pour des faveurs reçues. À Ménilmontant tout a été sauvé ; M. l'abbé Petit et moi, avions pris la précaution de confier à diverses personnes de la paroisse, dignes de toute confiance, les plus riches ornements, les vases sacrés les plus précieux, le plus beau linge et autres objets, de manière que la guerre finie nous avons eu la consolation de voir tous ces objets rendus au culte. Rendons un hommage tout particulier à une pieuse demoiselle qui eut l'heureuse présence d'esprit de retirer le ciboire contenant les saintes espèces, et de prévenir ainsi une odieuse profanation.

Quant au monument lui-même, les obus l'avaient malheureusement endommagé ; la voûte était percée en plusieurs endroits, et au dehors, des corniches, des galeries et autres ornements d'architecture étaient profondément dégradés. La restauration a été accomplie, et la dépense évaluée à vingt mille francs environ.

Il y a une chose, qui serait vraiment comique, si elle n'était odieuse, c'est la manière dont de prétendus Républicains entendent la République, ils ne cessent de proclamer bien haut que la République est le seul gouvernement possible et acceptable en France ; ils voudraient même établir une République universelle ; et l'on dirait qu'ils s'appliquent à faire abhorer ce système de gouvernement ; ils devraient au moins le rendre aimable. Ils ont sans cesse les mots de liberté, de fraternité à la bouche, on retrouve ces pompeuses formules, ou plutôt ces étiquettes trompeuses à la tête de tous leurs décrets, de toutes leurs proclamations, ils les impriment en gros caractères sur tous les monuments publics, et jamais sous aucun gouvernement, il n'y a eu moins de liberté. Ce sont des atteintes continuelles à la liberté individuelle, à la liberté d'éducation, à la liberté de conscience, à tout ce qu'il y a de plus sacré et de plus légitime. La liberté et la fraternité consistent pour eux à chasser les Frères et les Religieuses des écoles, sans aucune forme de procès ; à s'emparer sans vergogne de tout ce qui leur appartient, et même à les emprisonner et à les assassiner ! et voilà près d'un siècle que ces injustices se commettent dans notre France, et que leurs auteurs réussissent à faire une multitude de dupes ! Est-ce concevable ?

Voilà, mon cher ami, le récit des tristes choses dont nous avons été les témoins à Ménilmontant ; je ne dis rien de l'horrible massacre de Prêtres, de Gendarmes et d'Agents de Police dans la rue Haxo, parce que le tableau de cette épouvantable boucherie a été déjà mis sous les yeux du public.

Votre ami tout dévoué,

TASSY,

1er vicaire à Ménilmontant.

Bien cher ami,

En m'envoyant votre intéressante lettre vous m'autorisez à en faire l'usage qui me conviendra ; je crois utile de la faire connaître, de la propager et par conséquent de la livrer à l'impression. Elle pourra fournir quelques matériaux à celui qui entreprendra d'écrire l'histoire de nos malheurs.

Recevez, avec mes remerciements, l'assurance de mon affectueuse estime,

X.

Arras, imp. Schoutheer.